Mir zur Feier ist das mit Abstand freudigste aller Gedichtbücher Rilkes; es ist das erste, das zwischen November 1897 und Mai 1898 nach der für ihn so beglückenden Begegnung mit Lou Andreas-Salomé entstand. Rilke hat es lange als sein »erstes Buch«, als den eigentlichen Beginn seines Dichtens ansehen wollen. Die Gedichte – Lieder vom Frühling, von Engeln und Mädchen – sind Ausdruck eines neuen Lebensgefühls, einer freudigen Zustimmung zum Leben. Der Titel verweist auf den einer weitgehend verlorenen handschriftlichen Sammlung von Liebesgedichten für Lou, »Dir zur Feier«. »Mir zur Feier« wurde als Titel bei einer zweiten, veränderten Ausgabe der Sammlung zugunsten des sachbetonteren Titels *Die frühen Gedichte* (1909) aufgegeben.

Rainer Maria Rilke, geboren am 4. Dezember 1875 in Prag, starb am 29. Dezember 1926 in Val-Mont (Schweiz).

insel taschenbuch 2689
Rainer Maria Rilke
Mir zur Feier

Rainer Maria Rilke
Mir zur Feier

Gedichte

Mit einem Nachwort
von Manfred Engel

Insel Verlag

Umschlagfoto: David Finn

Einmalige Sonderausgabe
insel taschenbuch 2689
Erste Auflage 2000
© Insel Verlag Frankfurt am Main und Leipzig 2000
Alle Rechte vorbehalten, insbesondere das der Übersetzung,
des öffentlichen Vortrags sowie der Übertragung
durch Rundfunk und Fernsehen, auch einzelner Teile.
Kein Teil des Werkes darf in irgendeiner Form
(durch Fotografie, Mikrofilm oder andere Verfahren)
ohne schriftliche Genehmigung des Verlages reproduziert
oder unter Verwendung elektronischer Systeme verarbeitet,
vervielfältigt oder verbreitet werden.
Vertrieb durch den Suhrkamp Taschenbuch Verlag
Satz: MZ-Verlagsdruckerei GmbH, Memmingen
Druck: Clausen & Bosse, Leck
Printed in Germany

1 2 3 4 5 6 – 05 04 03 02 01 00

Mir zur Feier

*Das ist die Sehnsucht: wohnen im Gewoge
und keine Heimat haben in der Zeit.
Und das sind Wünsche: leise Dialoge
täglicher Stunden mit der Ewigkeit.*

*Und das ist Leben. Bis aus einem Gestern
die einsamste von allen Stunden steigt,
die, anders lächelnd als die andern Schwestern,
dem Ewigen entgegenschweigt.*

Ich bin so jung. Ich möchte jedem Klange,
der mir vorüberrauscht, mich schauernd schenken,
und willig in des Windes liebem Zwange,
wie Windendes über dem Gartengange,
will meine Sehnsucht ihre Ranken schwenken,

Und jeder Rüstung bar will ich mich brüsten,
solang ich fühle, wie die Brust sich breitet.
Denn es ist Zeit, sich reisig auszurüsten,
wenn aus der frühen Kühle dieser Küsten
der Tag mich in die Binnenlande leitet.

Ich will ein Garten sein, an dessen Bronnen
die vielen Träume neue Blumen brächen,
die einen abgesondert und versonnen,
und die geeint in schweigsamen Gesprächen.

Und wo sie schreiten, über ihren Häupten
will ich mit Worten wie mit Wipfeln rauschen,
und wo sie ruhen, will ich den Betäubten
mit meinem Schweigen in den Schlummer lauschen.

Ich will nicht langen nach dem lauten Leben
und keinen fragen nach dem fremden Tage:
Ich fühle, wie ich weiße Blüten trage,
die in der Kühle ihre Kelche heben.

Es drängen Viele aus den Frühlingserden,
darinnen ihre Wurzeln Tiefen trinken,
um nicht mehr könnend in die Knie zu sinken
vor Sommern, die sie niemals segnen werden.

Meine frühverliehnen
Lieder oft in der Ruh
überrankter Ruinen
sang ich dem Abend sie zu.

Hätte sie gerne zu Ronden
aneinandergereiht,
einer erwachsenen Blonden
als Geschenk und Geschmeid.

Aber unter allen
war ich einzig allein;
und so ließ ich sie fallen:
sie verrollten wie lose Korallen
weit in den Abend hinein.

Die armen Worte, die im Alltag darben,
die unscheinbaren Worte, lieb ich so.
Aus meinen Festen schenk ich ihnen Farben,
da lächeln sie und werden langsam froh.

Ihr Wesen, das sie bang in sich bezwangen,
erneut sich deutlich, daß es jeder sieht;
sie sind noch niemals im Gesang gegangen
und schauernd schreiten sie in meinem Lied.

Arme Heilige aus Holz
kam meine Mutter beschenken;
und sie staunten stumm und stolz
hinter den harten Bänken.

Haben ihrem heißen Mühn
sicher den Dank vergessen,
kannten nur das Kerzenglühn
ihrer kalten Messen.

Aber meine Mutter kam
ihnen Blumen geben.
Meine Mutter die Blumen nahm
alle aus meinem Leben.

Ich geh jetzt immer den gleichen Pfad:
am Garten entlang, wo die Rosen grad
Einem sich vorbereiten;
aber ich fühle: noch lang, noch lang
ist das alles nicht mein Empfang,
und ich muß ohne Dank und Klang
ihnen vorüberschreiten.

Ich bin nur der, der den Zug beginnt,
dem die Gaben nicht galten;
bis die kommen, die seliger sind,
lichte, stille Gestalten, –
werden sich alle Rosen im Wind
wie rote Fahnen entfalten.

Das ist der Tag, in dem ich traurig throne,
das ist die Nacht, die mich ins Knieen warf;
da bet ich: daß ich einmal meine Krone
von meinem Haupte heben darf.

Lang muß ich ihrem dumpfen Drucke dienen,
darf ich zum Dank nicht einmal ihren blaun
Türkisen, ihren Rauten und Rubinen
erschauernd in die Augen schaun?

Vielleicht erstarb schon lang der Strahl der Steine,
es stahl sie mir vielleicht mein Gast, der Gram,
vielleicht auch waren in der Krone keine,
die ich bekam?...

Weiße Seelen mit den Silberschwingen,
Kinderseelen, die noch niemals sangen, –
die nur leis in immer weitern Ringen
zu dem Leben ziehn, vor dem sie bangen,

werdet ihr nicht euren Traum enttäuschen,
wenn die Stimmen draußen euch erwachen, –
und ihr könnt aus tausend Taggeräuschen
nicht mehr lösen euer Liederlachen?

Ich bin zu Hause zwischen Tag und Traum.
Dort wo die Kinder schläfern, heiß vom Hetzen,
dort wo die Alten sich zu Abend setzen,
und Herde glühn und hellen ihren Raum.

Ich bin zu Hause zwischen Tag und Traum.
Dort wo die Abendglocken klar verklangen
und Mädchen, vom Verhallenden befangen,
sich müde stützen auf den Brunnensaum.

Und eine Linde ist mein Lieblingsbaum;
und alle Sommer, welche in ihr schweigen,
rühren sich wieder in den tausend Zweigen
und wachen wieder zwischen Tag und Traum.

Und einmal lös ich in der Dämmerung
der Pinien von Schulter und vom Schoß
mein dunkles Kleid wie eine Lüge los
und tauche in die Sonne bleich und bloß
und zeige meinem Meere: ich bin jung.

Dann wird die Brandung sein wie ein Empfang,
den mir die Wogen festlich vorbereiten.
Und eine jede zittert nach der zweiten, –
wie soll ich ganz allein entgegenschreiten:
das macht mich bang..
Ich weiß: die hellgesellten Wellen weben
mir einen Wind;
und wenn der erst beginnt,
so wird er wieder meine Arme heben –

Du, den wir alle sangen,
du einziger und echter Christ,
du Kinderkönig, der du bist, –
ich bin allein: mein Alles ist
entgegen dir gegangen.

Du Mai, vor deinen Mienen
sieh mich bereit, die Arme weit:
dein Unmut, deine Zögerzeit,
dein Mut und deine Müdigkeit
hat alles Raum in ihnen...

Du wacher Wald, inmitten wehen Wintern
hast du ein Frühlingsfühlen dir erkühnt,
und leise lässest du dein Silber sintern,
damit ich seh, wie deine Sehnsucht grünt.

Und wie mich weiter deine Wege führen,
erkenn ich kein Wohin und kein Woher
und weiß: vor deinen Tiefen waren Türen –
und sind nicht mehr.

Du mußt das Leben nicht verstehen,
dann wird es werden wie ein Fest.
Und laß dir jeden Tag geschehen
so wie ein Kind im Weitergehen
von jedem Wehen
sich viele Blüten schenken läßt.

Sie aufzusammeln und zu sparen,
das kommt dem Kind nicht in den Sinn.
Es löst sie leise aus den Haaren,
drin sie so gern gefangen waren,
und hält den lieben jungen Jahren
nach neuen seine Hände hin.

Ich möchte werden wie die ganz Geheimen:
Nicht auf der Stirne die Gedanken denken,
nur eine Sehnsucht reichen in den Reimen,
mit allen Blicken nur ein leises Keimen,
mit meinem Schweigen nur ein Schauern schenken.

Nicht mehr verraten und mich ganz verschanzen
und einsam bleiben; denn so tun die Ganzen:
Erst wenn, wie hingefällt von lichten Lanzen,
die laute Menge tief ins Knieen glitt,
dann heben sie die Herzen wie Monstranzen
aus ihrer Brust und segnen sie damit.

Vor lauter Lauschen und Staunen sei still,
du mein tieftiefes Leben;
daß du weißt, was der Wind dir will,
eh noch die Birken beben.

Und wenn dir einmal das Schweigen sprach,
laß deine Sinne besiegen.
Jedem Hauche gieb dich, gieb nach,
er wird dich lieben und wiegen.

Und dann meine Seele sei weit, sei weit,
daß dir das Leben gelinge,
breite dich wie ein Feierkleid
über die sinnenden Dinge.

Träume, die in deinen Tiefen wallen,
aus dem Dunkel laß sie alle los.
Wie Fontänen sind sie, und sie fallen
lichter und in Liederintervallen
ihren Schalen wieder in den Schoß.

Und ich weiß jetzt: wie die Kinder werde.
Alle Angst ist nur ein Anbeginn;
aber ohne Ende ist die Erde,
und das Bangen ist nur die Gebärde,
und die Sehnsucht ist ihr Sinn —

Engellieder

Ich ließ meinen Engel lange nicht los,
und er verarmte mir in den Armen
und wurde klein, und ich wurde groß:
und auf einmal war ich das Erbarmen,
und er eine zitternde Bitte bloß.

Da hab ich ihm seine Himmel gegeben, –
und er ließ mir das Nahe, daraus er entschwand;
er lernte das Schweben, ich lernte das Leben,
und wir haben langsam einander erkannt...

Seit mich mein Engel nicht mehr bewacht,
kann er frei seine Flügel entfalten
und die Stille der Sterne durchspalten, –
denn er muß meiner einsamen Nacht
nicht mehr die ängstlichen Hände halten –
seit mich mein Engel nicht mehr bewacht.

Hat auch mein Engel keine Pflicht mehr,
seit ihn mein strenger Tag vertrieb,
oft senkt er sehnend sein Gesicht her
und hat die Himmel nicht mehr lieb.

Er möchte wieder aus armen Tagen
über der Wälder rauschendem Ragen
meine blassen Gebete tragen
in die Heimat der Cherubim.

Dorthin trug er mein frühes Weinen
und Bedanken, und meine kleinen
Leiden wuchsen dorten zu Hainen,
welche flüstern über ihm…

Wenn ich einmal im Lebensland,
im Gelärme von Markt und Messe –
meiner Kindheit erblühte Blässe:
meinen ernsten Engel vergesse –
seine Güte und sein Gewand,
die betenden Hände, die segnende Hand, –
in meinen heimlichsten Träumen behalten
werde ich immer das Flügelfalten,
das wie eine weiße Zypresse
hinter ihm stand...

Seine Hände blieben wie blinde
Vögel, die, um Sonne betrogen,
wenn die andern über die Wogen
zu den währenden Lenzen zogen,
in der leeren, entlaubten Linde
wehren müssen dem Winterwinde.

Auf seinen Wangen war die Scham
der Bräute, die über der Seele Schrecken
dunkle Purpurdecken
breiten dem Bräutigam.

Und in den Augen lag
Glanz von dem ersten Tag, –
aber weit über allem war
ragend das tragende Flügelpaar...

Um die vielen Madonnen sind
viele ewige Engelknaben,
die Verheißung und Heimat haben
in dem Garten, wo Gott beginnt.
Und sie ragen alle nach Rang,
und sie tragen die goldenen Geigen,
und die Schönsten dürfen nie schweigen:
ihre Seelen sind aus Gesang.
Immer wieder müssen sie
klingen alle die dunkeln Chorale,
die sie klangen vieltausend Male:
Gott stieg nieder aus Seinem Strahle
und du warst die schönste Schale
Seiner Sehnsucht, Madonna Marie.

Aber oft in der Dämmerung
wird die Mutter müder und müder, –
und dann flüstern die Engelbrüder,
und sie jubeln sie wieder jung.
Und sie winken mit den weißen
Flügeln festlich im Hallenhofe,
und sie heben aus den heißen
Herzen höher die eine Strophe:
Alle, die in Schönheit gehn,
werden in Schönheit auferstehn.

GEBET

Ernster Engel aus Ebenholz:
Du riesige Ruh.
Dein Schweigen schmolz
noch nie in den Bränden
von Büßerhänden.
Flammenumflehter!
Deine Beter
sind stolz:
wie du.

Der du versteinst,
du über den Blicken beginnender
König, erkiese
dir ein Geschlecht,
dem du gerecht
erscheinst,
saumsinnender
Riese.

Du, aller Matten
Furchteinflößer,
Einer ist größer
als du: dein Schatten.

*Lauschende Wolke über dem Wald.
Wie wir sie lieben lernten,
seit wir wissen, wie wunderbald
sie als weckender Regen prallt
an die träumenden Ernten.*

Und ich ahne: in dem Abendschweigen
ist ein einstiger Opferbrauch;
tiefer atmend hebt sich jeder Hauch:

ein Erfüllen will sich niederneigen

zu dem schwarzen hingeknieten Strauch.
Und die Sterne trennen sich und steigen,
und die Dunkelheiten steigen auch.

Gehst du außen die Mauern entlang,
kannst du die vielen Rosen nicht schauen
in dem fremden Gartengang;
aber in deinem tiefen Vertrauen
darfst du sie fühlen wie nahende Frauen.

Sicher schreiten sie zwei zu zwein,
und sie halten sich um die Hüften, –
und die roten singen allein;
und dann fallen mit ihren Düften
leise, leise die weißen ein ...

Ist ein Schloß. Das vergehende
Wappen über dem Tor.
Wipfel wachsen wie flehende
Hände höher davor.

In das langsam versinkende
Fenster stieg eine blinkende
blaue Blume zur Schau.

Keine weinende Frau –
sie ist die letzte Winkende
in dem gebrochenen Bau.

Zur kleinen Kirche mußt du aufwärts steigen,
auf einen Hügel hat man sie gebaut;
denn dieses arme Dorf ist ihr vertraut
und schützend soll sie schauen auf sein Schweigen.

Der Frühling aber kann noch höher bauen;
sie lächelt licht wie eine weiße Braut
und kann schon nicht mehr ihre Hütten schauen
und schaut nur ihn und läutet nicht mehr laut…

Das sind die Gärten, an die ich glaube:
Wenn das Blühn in den Beeten bleicht,
und im Kies unterm löschenden Laube
Schweigen hinrinnt, durch Linden geseigt.

Auf dem Teich aus den glänzenden Ringen
schwimmt ein Schwan dann von Rand zu Rand.
Und er wird auf den schimmernden Schwingen
als erster Milde des Mondes bringen
an den nicht mehr deutlichen Strand.

Schau, wie die Zypressen schwärzer werden
in den Wiesengründen, und auf wen
in den unbetretbaren Alleen
die Gestalten mit den Steingebärden
weiterwarten, die uns übersehn.

Solchen stillen Bildern will ich gleichen
und gelassen aus den Rosen reichen,
welche wiederkommen und vergehn;
immerzu wie einer von den Teichen
dunkle Spiegel immergrüner Eichen
in mir halten, und die großen Zeichen
ungezählter Nächte näher sehn.

Erste Rosen erwachen,
und ihr Duften ist zag
wie ein leisleises Lachen;
flüchtig mit schwalbenflachen
Flügeln streift es den Tag;

und wohin du langst,
da ist alles noch Angst.

Jeder Schimmer ist scheu,
und kein Klang ist noch zahm,
und die Nacht ist zu neu,
und die Schönheit ist Scham.

Blendender Weg, der sich vor Licht verlor,
Sonnengewicht auf allem Weingelände.
Und dann auf einmal, wie im Traum: ein Tor,
breit eingebaut in unsichtbare Wände.

Der Türen Holz ist lang im Tag verbrannt;
doch trotzig dauert auf dem Bogenrand
das Wappen und das Fürstendiadem.

Und wenn du eintrittst, bist du Gast. – Bei wem?
Und schauernd schaust du in das wilde Land.

Da steht er gestützt am Turm.
Nur die Wipfel und Fahnen
können sein Warten ahnen,
und sie flüstern sich furchtsam: der Sturm.

Das hören die Birken, zart,
und stemmen sich Stamm zum Stamme;
wie eine farblose Flamme
flattert sein Bart.

Und dann wissens die Kinder schon,
suchen der Mutter Mienen.
Wie von wilden Bienen
ist in der Luft ein Ton.

Im flachen Land war ein Erwarten
nach einem Gast, der niemals kam;
noch einmal fragt der bange Garten,
dann wird sein Lächeln langsam lahm.

Und in den müßigen Morästen
verarmt im Abend die Allee,
die Äpfel ängsten an den Ästen,
und jeder Wind tut ihnen weh.

Wer einst das einsame Haus erbaut,
ich konnte es nirgends erlauschen.
Auch die Wipfel wagen nicht, laut
um sein Ragen zu rauschen.

Im Parke: Tot ist jeder Ton –
und alle Farben sind entflohn,
nur rotrote Blüten baten..
als müßte alten Mord der Mohn
immer wieder von Sohn zu Sohn
verraten.

Das ist dort, wo die letzten Hütten sind
und neue Häuser, die mit engen Brüsten
sich drängen aus den bangen Baugerüsten
und wissen wollen, wo das Feld beginnt.

Dort bleibt der Frühling immer halb und blaß,
der Sommer fiebert hinter diesen Planken;
die Kirschenbäume und die Kinder kranken,
und nur der Herbst hat dorten irgendwas

Versöhnliches und Fernes; manchesmal
sind seine Abende von sanftem Schmelze:
die Schafe schummern, und der Hirt im Pelze
lehnt dunkel an dem letzten Lampenpfahl.

Manchmal geschieht es in tiefer Nacht,
daß der Wind wie ein Kind erwacht,
und er kommt die Allee allein
leise, leise ins Dorf herein.

Und er tastet bis an den Teich,
und dann horcht er herum:
Und die Häuser sind alle bleich,
und die Eichen sind stumm...

Wir wollen, wenn es wieder Mondnacht wird,
die Traurigkeit zu großer Stadt vergessen
und hingehn und uns an das Gitter pressen,
das uns von dem versagten Garten trennt.

Wer kennt ihn jetzt, der ihn am Tage traf:
mit Kindern, lichten Kleidern, Sommerhüten, –
wer kennt ihn so: allein mit seinen Blüten,
die Teiche offen, liegend ohne Schlaf.

Figuren, welche stumm im Dunkel stehn,
scheinen sich leise aufzurichten,
und steinerner und stiller sind die lichten
Gestalten an dem Eingang der Alleen.

Die Wege liegen gleich entwirrten Strähnen
nebeneinander, ruhig, eines Zieles.
Der Mond ist zu den Wiesen unterwegs;
den Blumen fließt der Duft herab wie Tränen.
Über den heimgefallenen Fontänen
stehn noch die kühlen Spuren ihres Spieles
in nächtiger Luft.

Mädchen-Gestalten

Als du mich einst gefunden hast,
da war ich klein, so klein,
und blühte wie ein Lindenast
nur still in dich hinein.

Vor Kleinheit war ich namenlos
und sehnte mich so hin,
bis du mir sagst, daß ich zu groß
für jeden Namen bin:

Da fühl ich, daß ich eines bin
mit Mythe, Mai und Meer,
und wie der Duft des Weines bin
ich deiner Seele schwer...

Viel Fähren sind auf den Flüssen,
und eine bringt sicher ihn;
aber ich kann nicht küssen,
so wird er vorüberziehn. –

Draußen war Mai.

Auf unserer alten Kommode
brannten der Kerzen zwei;
die Mutter sprach mit dem Tode,
da brach ihr die Stimme entzwei.

Und wie ich klein in der Stille stand,
reichte ich nicht in das fremde Land,
das meine Mutter bange erkannt,
ragte nur bis zum Bettesrand,
fand allein ihre blasse Hand,
von der ich Segen bekam.

Aber der Vater, von Wahnsinn wund,
riß mich hoch an der Mutter Mund,
der mir den Segen nahm.

Ich bin eine Waise. Nie
hat jemand um meinetwillen
die Geschichten berichtet, die
die Kinder bestärken und stillen.

Wo kommt mir das plötzlich her?
Wer hat es mir zugetragen?
Für ihn weiß ich alle Sagen
und was man erzählt am Meer.

Ich war ein Kind und träumte viel
und hatte noch nicht Mai;
da trug ein Mann sein Saitenspiel
an unserm Hof vorbei.
Da hab ich bange aufgeschaut:
»O Mutter, laß mich frei...«
  Bei seiner Laute erstem Laut
  brach etwas mir entzwei.

Ich wußte, eh sein Sang begann:
Es wird mein Leben sein.
Sing nicht, sing nicht, du fremder Mann:
Es wird mein Leben sein.

Du singst mein Glück und meine Müh,
mein Lied singst du und dann:
Mein Schicksal singst du viel zu früh,
so daß ich, wie ich blüh und blüh, –
es nie mehr leben kann.

Er sang. Und dann verklang sein Schritt, –
er mußte weiterziehn;
und sang mein Leid, das ich nie litt,
und sang mein Glück, das mir entglitt,
und nahm mich mit und nahm mich mit –
und keiner weiß wohin...

Lieder der Mädchen

*Ihr Mädchen seid wie die Gärten
am Abend im April:
Frühling auf vielen Fährten,
aber noch nirgends ein Ziel.*

Jetzt sind sie alle schon selber Frauen.
Haben Kinder und Träume verloren,
und Kinder geboren
und Kinder geboren,
und sie wissen: in diesen Toren
werden wir alle in Gram ergrauen.

Alles ihre hat Raum im Haus.
Nur das Avemarialäuten
hat ihren Herzen noch ein Bedeuten,
und dann kommen sie müd heraus.

Wenn die Wege zu wachsen beginnen,
kühl aus der blassen Campagna zieht's:
ihres alten Lächelns entsinnen
sie sich wie eines alten Lieds...

Geh ich die Gassen entlang,
da sitzen alle die braunen
Mädchen und schauen und staunen
hinter meinem Gang.

Bis eine zu singen beginnt
und alle aus ihrem Schweigen
sich lächelnd niederneigen:
    Schwestern, wir müssen ihm zeigen
    wer wir sind.

Königinnen seid ihr und reich.
Um die Lieder noch reicher
als blühende Bäume.

Nicht wahr, der Fremdling ist bleich?
Aber noch viel, viel bleicher
sind seine Lieblingsträume,
sind wie Rosen im Teich.

Das empfandet ihr gleich:
Königinnen seid ihr und reich.

Die Welle schwieg euch nie,
so seid auch ihr nie still
und singt wie sie;
und was tiefinnen euer Wesen will,
wird Melodie.

Und ließ den Klang in euch der Schönheit Scham
erstehn?
Erweckte ihn ein junger Mädchengram –
um wen?

Die Lieder kamen, wie das Sehnen kam,
und werden langsam mit dem Bräutigam
vergehn...

Die Mädchen sehn: der Kähne Fahrt
kehrt fernher hafenein,
und schauen scheu und dichtgepaart,
wie schwer das weiße Wasser ward:
denn das ist so des Abends Art,
wie eine Angst zu sein.

Und so ist keine Wiederkehr:
Es kommen von dem müden Meer
die Schiffe schwarz und groß und leer,
kein Wimpel oben fliegt:
als hätte alle irgendwer
besiegt.

Ihr Mädchen seid wie die Kähne;
an die Ufer der Stunden
seid ihr immer gebunden, –
darum bleibt ihr so bleich;
ohne hinzudenken,
wollt ihr den Winden euch schenken:
euer Traum ist der Teich.
Manchmal nimmt euch der Strandwind
mit bis die Ketten gespannt sind
und dann liebt ihr ihn:
    Schwestern, jetzt sind wir Schwäne,
    die am Goldgesträhne
    die Märchenmuschel ziehn.

Die blonden Schwestern flochten froh
im Gehn Gesträhn aus goldnem Stroh,
bis alles Land vor ihnen so
wie Gold zu glühn beginnt;
da sagen sie sich: wunderwo
wir hingeraten sind.

Der Abend wird den Blüten schwer,
die Schwestern stehn in Scham
und halten ihre Hände her
und lauschen lang und lächeln leer, –
und eine jede sehnt sich: wer
ist unser Bräutigam...

Wenn die blonden Flechterinnen
gehn im Glanz des Abendlands:
   sie sind alle Königinnen
   und ersinnen und beginnen
   ihren eignen Kronenkranz.

Denn das Licht, darin sie leben,
ist ein großes Gnadegeben –
und es kommt von ihnen her,
und das Stroh, das sie zersträhnen,
trank von ihren Mädchentränen –
und es wurde Gold und schwer.

Eh der Garten ganz beginnt
sich der Güte hinzugeben,
stehn die Mädchen drin und beben
vor dem zögernden Erleben,
und aus engen Ängsten heben
sie die Hände in den Wind.

Und sie gehn auf scheuen Schuhn,
als ob sie die Kleider preßten;
und das sind die ersten Gesten,
die sie im Gefühl von Festen
ihrem Traum entgegentun...

Alle Straßen führen
jetzt grade hinein ins Gold:
die Töchter vor den Türen
haben das so gewollt.

Sie sagen nicht Abschied den Alten,
und ist doch: sie wandern weit;
wie sie so leicht und befreit
anders einander halten,
und in anderen Falten
um die lichten Gestalten
gleitet das Kleid.

Noch ahnst du nichts vom Herbst des Haines,
drin lichte Mädchen lachend gehn;
nur manchmal küßt wie fernes, feines
Erinnern dich der Duft des Weines, –
sie lauschen, und es singt wohl eines
ein wehes Lied vom Wiedersehn.

In leiser Luft die Ranken schwanken,
wie wenn wer Abschied winkt. – Am Pfad
stehn alle Rosen in Gedanken;
sie sehen ihren Sommer kranken,
und seine hellen Hände sanken
leise von seiner reifen Tat.

Mädchen singen:

Die Zeit, von der die Mütter sprachen,
fand nicht zu unsern Schlafgemachen,
und drin blieb alles glatt und klar.
Sie sagen uns, daß sie zerbrachen
in einem sturmgejagten Jahr.

Wir wissen nicht: Was ist das, Sturm?

Wir wohnen immer tief im Turm
und hören manchmal nur von fern
die Wälder draußen wehn;
und einmal blieb ein fremder Stern
bei uns stehn.

Und wenn wir dann im Garten sind,
so zittern wir, daß es beginnt,
und warten Tag um Tag –

Aber nirgends ist ein Wind,
der uns biegen mag.

Mädchen singen:

Wir haben lange im Licht gelacht,
und jede hat einer jeden
Nelken und Reseden
festlich wie einer Braut gebracht –
und war ein Rätseln und Reden.

Dann hat sich mit dem Namen der Nacht
langsam die Stille besternt.
Da waren wir wie aus allem erwacht
und weit voneinander entfernt:
haben die Sehnsucht, die traurig macht,
wie ein Lied gelernt...

Die Mädchen am Gartenhange
haben lange gelacht
und mit ihrem Gesange
wie mit weitem Gange
sich müd gemacht.

Die Mädchen bei den Zypressen
zittern: Die Stunde beginnt,
da sie nicht wissen, wessen
alle Dinge sind.

Eine singt:

Ich war in ferner Fremde Kind,
bis ich mich: arm und zart und blind –
aus meinem Schämen schlich;
ich warte hinter Wald und Wind
gewiß schon lang auf mich.

Ich bin allein und weit vom Haus
und sinne still: wie seh ich aus? –

Fragt jemand, wer ich sei?
   ... Gott, ich bin jung und
            ich bin blond
   und habe ein Gebet gekonnt
und geh gewiß umsonst umsonnt
und fremd an mir vorbei...

Und singt:

Es müßte mich einer führen,
aber nicht der Wind;
weil der Orte und Türen
so viele sind.
      Wen
soll ich um alles fragen;
soll ich immer nur gehn
und es wie im Traum ertragen,
daß die Berge und Burgen ragen
an dem Saum
der fremden Seen?...

Und singt:

Wir sind uns alle schwesterlich.
Aber Abende sind, da wir frieren
und einander langsam verlieren,
und eine jede möchte ihren
Freundinnen flüstern: Jetzt fürchtest du dich..

Die Mütter sagen uns nicht, wo wir sind,
und lassen uns ganz allein, –
   wo die Ängste enden und Gott beginnt
   mögen wir vielleicht sein...

Gebete der Mädchen zur Maria

Mach, daß etwas uns geschieht!
Sieh, wie wir nach Leben beben.
Und wir wollen uns erheben
wie ein Glanz und wie ein Lied.

Du wolltest wie die andern sein,
die sich scheu in Kühle kleiden;
deine Seele wollte seiden
ihre müden Mädchenleiden
weiterblühn am Lebensrain.
Aber tief aus deinem Kranken
wagte eine Kraft zu ranken, –
Sonnen lohten, Samen sanken:
und du wurdest wie der Wein.

Und jetzt bist du süß und satt
wie ein Abend auf uns allen, –
und wir fühlen, wie wir fallen,
und du machst uns alle matt...

Schau, unsre Tage sind so eng
und bang das Nachtgemach;
wir langen alle ungelenk
den roten Rosen nach.

Du mußt uns milde sein, Marie,
wir blühn aus deinem Blut,
und du allein kannst wissen, wie
so weh die Sehnsucht tut;

du hast ja dieses Mädchenweh
der Seele selbst erkannt:
sie fühlt sich an wie Weihnachtsschnee,
und steht doch ganz in Brand...

Von so vielem blieb uns der Sinn,
gerade von dem Sanften und Zarten
haben wir irgendein Wissen:
wie von einem geheimen Garten,
wie von einem samtenen Kissen,
das sich uns unter den Schlummer schiebt;
wie von etwas, das uns liebt
mit einer verwirrenden Zärtlichkeit, –

aber viele Worte sind weit.

Viele Worte sind aus den Sinnen entflohn
und aus der Welt.
Haben sich horchend um deinen Thron,
wie um einen steigenden Ton,
Mutter Maria, gestellt;
und dein Sohn
lächelt sie an:

Sieh deinen Sohn.

Dein Garten wollt ich sein zuerst
und Ranken haben und Rabatten
und deine Schönheit überschatten,
damit du mit dem muttermatten
Lächeln gern mir wiederkehrst.

Da aber – als du kamst und gingst,
ist etwas mit dir eingetreten:
das ruft mich zu den roten Beeten,
wenn du mir aus den weißen winkst.

Unsre Mütter sind schon müd;
und wenn wir sie ängstlich drängen,
lassen sie die Hände hängen,
und sie glauben fernen Klängen:
   Oh, wir haben auch geblüht!

Und sie nähen an den weißen
Kleidern, die wir schnell zerreißen,
in dem staubigen Stubenlicht.
Wie sie sich so treu befleißen,
und da sehn sie unsre heißen
Hände nicht...

Und wir müssen sie dir zeigen,
wenn die Mutter nicht mehr wacht;
und sie werden in der Nacht
wie zwei weiße Flammen steigen.

Ich war einmal so kinderkühl:
da traf mich alles wie ein Bangen.
Jetzt ist mir jede Angst vergangen,
nur diese wärmt mir noch die Wangen:
    ich fürchte mich vor dem Gefühl.

Es ist nicht mehr das Tal, darin ein Lied
wie schützend seine lichten Schwingen breitet, –
es ist ein Turm, der vor den Fluren flieht,
bis meine Sehnsucht hoch vom Saume sieht
und zitternd mit der fremden Stärke streitet,
die sie so selig von den Zinnen zieht.

Maria,
du weinst, – ich weiß.
Und da möcht ich weinen
zu deinem Preis.
Mit der Stirne auf Steinen
weinen...

Deine Hände sind heiß;
könnt ich dir Tasten darunterschieben,
dann wäre dir doch ein Lied geblieben.

Aber die Stunde stirbt ohne Vermächtnis...

Gestern hab ich im Traum gesehn
einen Stern in der Stille stehn.
Und ich fühlte: Madonna sprach:
Diesem Stern in der Nacht blüh nach.

Und ich nahm alle Kraft zu Rat.
Grad und schlank aus des Hemdes Schnee
streckte ich mich. – Und das Blühen tat
mir auf einmal weh...

Wie kam, wie kam aus deinem Schoß,
Maria, so viel Lichte los
und so viel Gram?
Wer war dein Bräutigam?

Du rufst, du rufst, – und du vergißt,
daß du nicht mehr dieselbe bist,
die mir in Kühle kam.

Ich bin ja noch so blumenjung.
Wie soll ich auf den Zehn
vom Kindsein zur Verkündigung
durch alle deine Dämmerung
in deinen Garten gehn?

Deiner ernsten Engel einen
stell am Rand der Sehnsucht hin
und befiehl ihm, daß er meinen
Schwestern sagt: Ihr werdet weinen –
Denn es sind die Rosenreinen
allen Prüfungen und Peinen
wie ein Spiel von Anbeginn.

Weil sie überwunden wähnen,
was die Kindheit kindisch litt,
gehn sie lächelnd zwischen Zähnen, –
und sie tragen keine Tränen
in die neuen Leiden mit…

Oh, daß wir so endlos werden mußten!
Immer noch Entfalten um Entfalten,
und wir haben unsrer Kälte Krusten
lange, lange für den Grund gehalten.

Und ob wir uns aneinander binden
und in Furcht uns immer fester fassen
und uns langsam, wie von Brunnenwinden,
weiter in uns selber gleiten lassen:

keine kann mit ihren blassen, blinden
Händen tastend unsre Tiefen finden.

Mir wird mein helles Haar zur Last,
als wäre drin verwühlt
ein dunkler Limonenast,
der schon in seinem Blühn verblaßt
und schwerer wird, weil er schon fast
erfüllt den Frühling fühlt.

   Nimm du von mir
   die bange Zier!
Du bist noch kühl und grün,
weil unter deinen Dornen dir
die Mädchenmyrten blühn.

Und in allen alten Jahren
war ich feierlich und froh
wie die schönen Engelscharen,
die um deine Wunder waren:
... meine Mutter glich dir so ...

Und ich bin erst traurig, seit
ihre Küsse mir verblaßten;
und mein Horchen und mein Hasten
und mein Ahnen ist ein Tasten
nach der neuen Zärtlichkeit.

Sie sagen alle: Du hast Zeit,
was kann dir fehlen, Kind? –

   Mir fehlt ein goldenes Geschmeid.
Ich kann nicht gehn im Kinderkleid,
wenn alle schon so brautbereit
und hell und heilig sind.

Nichts fehlt mir, als ein wenig Raum,
ich bin in einem Bann,
und immer enger wird mein Traum.
Nur Raum, daß aus dem Seidensaum
ich hoch bis in den Blütenbaum
die Hände heben kann...

Wird dieses ungestüme, wilde
Hinsehnen meinen Schwestern schwer,
so flüchten sie zu deinem Bilde,
und du entbreitest dich, du Milde,
und bist vor ihnen wie das Meer.

Du flutest ihnen sanft entgegen,
sie retten sich auf deinen Wegen
in deine Tiefen hin – und sehn,
wie sich die Wünsche leiser legen
und als ein blauer Sommerregen
auf weichen Inseln niedergehn.

Nach den Gebeten:

Ich aber fühle, wie ich wärmer
und wärmer werde, Königin, –
und daß ich jeden Abend ärmer
und jeden Morgen müder bin.

Ich reiße an der weißen Seide,
und meine scheuen Träume schrein:
    Oh, laß mich Leid von deinem Leide,
    oh, laß uns beide
wund von demselben Wunder sein!

Unsere Träume sind Marmorhermen,
die wir in unsere Tempel stellen,
und sie mit unseren Kränzen erhellen
und sie mit unseren Wünschen erwärmen.

Unsere Worte sind goldene Büsten,
die wir in unsere Tage tragen, –
die lebendigen Götter ragen
in der Kühle anderer Küsten.

Wir sind immer in Einem Ermatten,
ob wir rüstig sind oder ruhn,
aber wir haben strahlende Schatten,
welche die ewigen Gesten tun.

Es ist noch Tag auf der Terrasse.
Da fühle ich ein neues Freuen:
wenn ich jetzt in den Abend fasse,
ich könnte Gold in jede Gasse
aus meiner Stille niederstreuen.

Ich bin jetzt von der Welt so weit.
Mit ihrem späten Glanz verbräme
ich meine ernste Einsamkeit.

Mir ist, als ob mir irgendwer
jetzt leise meinen Namen nähme,
so zärtlich, daß ich mich nicht schäme
und weiß: ich brauche keinen mehr.

Das sind die Stunden, da ich mich finde.
Dunkel wellen die Wiesen im Winde,
allen Birken schimmert die Rinde,
und der Abend kommt über sie.

Und ich wachse in seinem Schweigen,
möchte blühen mit vielen Zweigen,
nur um mit allen mich einzureihen
in die einige Harmonie...

Der Abend ist mein Buch. Ihm prangen
die Deckel purpurn in Damast;
ich löse seine goldnen Spangen
mit kühlen Händen, ohne Hast.

Und lese seine erste Seite,
beglückt durch den vertrauten Ton, –
und lese leiser seine zweite,
und seine dritte träum ich schon.

Oft fühl ich in scheuen Schauern,
wie tief ich im Leben bin.
Die Worte sind nur die Mauern.
Dahinter in immer blauern
Bergen schimmert ihr Sinn.

Ich weiß von keinem die Marken,
aber ich lausch in sein Land.
Hör an den Hängen die Harken
und das Baden der Barken
und die Stille am Strand.

Und so ist unser erstes Schweigen:
wir schenken uns dem Wind zu eigen,
und zitternd werden wir zu Zweigen
und horchen in den Mai hinein.
Da ist ein Schatten auf den Wegen,
wir lauschen, – und es rauscht ein Regen:
ihm wächst die ganze Welt entgegen,
um seiner Gnade nah zu sein.

Aber der Abend wird schwer:
Alle gleichen verwaisten
Kindern jetzt; die meisten
kennen einander nicht mehr.
Gehn wie in fremdem Land
langsam am Häuserrand,
lauschen in jeden Garten, –
wissen kaum, daß sie warten,
bis das Eine geschieht:
Unsichtbare Hände heben
aus einem fremden Leben
leise das eigene Lied.

Wir sind ganz angstallein,
haben nur aneinander Halt,
jedes Wort wird wie ein Wald
vor unserm Wandern sein.
Unser Wille ist nur der Wind,
der uns drängt und dreht;
weil wir selber die Sehnsucht sind,
die in Blüten steht.

Ich fürchte mich so vor der Menschen Wort.
Sie sprechen alles so deutlich aus:
Und dieses heißt Hund und jenes heißt Haus,
und hier ist Beginn und das Ende ist dort.

Mich bangt auch ihr Sinn, ihr Spiel mit dem Spott,
sie wissen alles, was wird und war;
kein Berg ist ihnen mehr wunderbar;
ihr Garten und Gut grenzt grade an Gott.

Ich will immer warnen und wehren: Bleibt fern.
Die Dinge singen hör ich so gern.
Ihr rührt sie an: sie sind starr und stumm.
Ihr bringt mir alle die Dinge um.

Nenn ich dich Aufgang oder Untergang?
Denn manchmal bin ich vor dem Morgen bang
und greife scheu nach seiner Rosen Röte –
und ahne eine Angst in seiner Flöte
vor Tagen, welche liedlos sind und lang.

Aber die Abende sind mild und mein,
von meinem Schauen sind sie still beschienen;
in meinen Armen schlafen Wälder ein, –
und ich bin selbst das Klingen über ihnen,
und mit dem Dunkel in den Violinen
verwandt durch all mein Dunkelsein.

Senke dich, du langsames Serale,
das aus feierlichen Fernen fließt.
Ich empfange dich, ich bin die Schale,
die dich faßt und hält und nichts vergießt.

Stille dich und werde in mir klar,
weite, leise, aufgelöste Stunde.
Was gebildet ist auf meinem Grunde,
laß es sehn. Ich weiß nicht, was es war.

Kann mir einer sagen, wohin
ich mit meinem Leben reiche?
Ob ich nicht auch noch im Sturme streiche
und als Welle wohne im Teiche,
und ob ich nicht selbst noch die blasse, bleiche
frühlingfrierende Birke bin?

Wie wir auch alles in der Nacht benannten, –
nicht unser Name macht die Dinge groß:
es kommen Pfeile, stark und atemlos,
aus Bogen, welche sich zu Spielen spannten.

Und so wie Pilger, welche unvermutet,
da eines letzten Vorhangs Falten fielen,
den Altar schaun, darauf der Becher blutet,
und nicht mehr rückwärts können aus dem Heile:
so in die Kreise stürzen sich die Pfeile
und stehen zitternd mitten in den Zielen.

Die Nacht wächst wie eine schwarze Stadt,
wo nach stummen Gesetzen
sich die Gassen mit Gassen vernetzen
und sich Plätze fügen zu Plätzen,
und die bald an die tausend Türme hat.

Aber die Häuser der schwarzen Stadt, –
du weißt nicht, wer darin siedelt.

In ihrer Gärten schweigendem Glanz
reihen sich reigende Träume zum Tanz, –
und du weißt nicht, wer ihnen fiedelt...

Auch du hast es einmal erlebt, ich weiß:
Der Tag ermattete in armen Gassen,
und seine Liebe wurde zweifelnd leis –

Dann ist ein Abschiednehmen rings im Kreis:
es schenken sich die müden Mauermassen
die letzten Fensterblicke, hell und heiß,

bis sich die Dinge nicht mehr unterscheiden.
Und halb im Traume hauchen sie sich zu:
Wie wir uns alle heimlich verkleiden,
in graue Seiden
alle uns kleiden, –
wer von uns beiden
bist jetzt du?

Wenn die Uhren so nah
wie im eigenen Herzen schlagen,
und die Dinge mit zagen
Stimmen sich fragen:
Bist du da? –:

Dann bin ich nicht der, der am Morgen erwacht,
einen Namen schenkt mir die Nacht,
den keiner, den ich am Tage sprach,
ohne tiefes Fürchten erführe –

Jede Türe
in mir gibt nach...

Und da weiß ich, daß nichts vergeht,
keine Geste und kein Gebet
(dazu sind die Dinge zu schwer) –
meine ganze Kindheit steht
immer um mich her.
Niemals bin ich allein.
Viele, die vor mir lebten
und fort von mir strebten,
webten,
webten
an meinem Sein.

Und setz ich mich zu dir her
und sage dir leise: Ich litt –
hörst du?

Wer weiß wer
murmelt es mit.

Ich weiß es im Traum,
und der Traum hat recht:
   Ich brauche Raum
     wie ein ganzes Geschlecht.

Mich hat nicht Eine Mutter geboren.
Tausend Mütter haben
an den kränklichen Knaben
die tausend Leben verloren,
die sie ihm gaben.

Fürchte dich nicht, sind die Astern auch alt,
streut der Sturm auch den welkenden Wald
in den Gleichmut des Sees, –
die Schönheit wächst aus der engen Gestalt;
sie wurde reif, und mit milder Gewalt
zerbricht sie das alte Gefäß.

Sie kommt aus den Bäumen
in mich und in dich,
nicht um zu ruhn;
der Sommer ward ihr zu feierlich.
Aus vollen Früchten flüchtet sie sich
und steigt aus betäubenden Träumen
arm ins tägliche Tun.

Du darfst nicht warten, bis Gott zu dir geht
und sagt: Ich bin.
 Ein Gott, der seine Stärke eingesteht,
hat keinen Sinn.
 Da mußt du wissen, daß dich Gott durchweht
seit Anbeginn,
 und wenn dein Herz dir glüht und nichts verrät,
dann schafft er drin.

Nachwort

Zur Entstehung

Mir zur Feier ist – nach *Leben und Lieder* (1894), *Larenopfer* (1896), *Wegwarten* (1896), *Traumgekrönt* (1896) und *Advent* (1897) – die fünfte Lyriksammlung, die der junge Rilke veröffentlicht. Geschrieben wurden die Gedichte (bis auf ganz wenige Ausnahmen) zwischen Anfang November 1897 und Ende Mai 1898 in Berlin, Arco, Florenz und Viareggio. Im Winter 1898/99 hat Rilke den Zyklus zusammengestellt und ihn dann Ende 1899 im Verlag Georg Heinrich Meyer (Berlin) publiziert. Die hier abgedruckte Fassung geht auf einen zweiten Druck zurück, der unter dem Titel *Die frühen Gedichte* (enthaltend *Mir zur Feier* und *Die weiße Fürstin* in einer jeweils stark überarbeiteten Fassung) im Mai 1909 im Insel-Verlag (Leipzig) erschien.

Während Rilke sich später von seinen ersten vier Gedicht-Büchern energisch distanzierte, hat er *Mir zur Feier* gelten lassen. In einem Brief an Ellen Key vom 3. März 1904 nennt er es sein »eigentlich erstes Buch«. Das liegt sicher daran, dass er mit dieser Gedichtsammlung erstmals die Décadence-Stimmung (s. u. S. 127 ff.) und die unsichere Stilmischung von naturalistischen und symbolistischen (s. u. S. 135 ff.) Elementen überwunden hatte, die sein frühestes Werk prägen. Biographischer Hintergrund für diesen Neuansatz waren die neuen Erfahrungen in München und Berlin, vor allem aber die Begegnung mit Lou Andreas-Salomé.

Ende September 1896 übersiedelt der knapp 21-jährige Rilke von seiner Heimatstadt Prag nach München, im Herbst 1897 dann von München nach Berlin. Beides bedeutet zunächst einmal eine Fülle neuer Kontakte und neuer geistiger Impulse: Während seiner (wie schon in Prag) eher sporadisch betriebenen Universitätsstudien hört Rilke in München bei Theodor Lipps (1851-1914), dem Begründer der Einfühlungsästhetik, in Berlin bei Georg Simmel (1858-1915), dem nach Nietzsche wichtigsten Vertreter der Lebensphilosophie. In beiden Metropolen findet er Anschluss an die kulturelle Szene und ihre vielfältigen Bemühungen um eine nach-naturalistische Kunst: Er veröffentlicht in den führenden neuen Zeitschriften – etwa im ›Simplicissimus‹, in ›Jugend‹, ›Zukunft‹, ›Insel‹, ›Pan‹ und im ›Ver Sacrum‹ –; er gehört zum kleinen Hörerkreis, der im Salon von Sabine Lepsius die erste öffentliche Lesung Stefan Georges miterlebt (18. 11. 1897); er verkehrt unter anderem mit Vertretern der ›Wiener Moderne‹ wie Hugo von Hofmannsthal und Arthur Schnitzler, mit dem Lyriker Richard Dehmel und den Jugendstilkünstlern August Endell und Heinrich Vogeler. Dazu kommen wichtigste Lektüreerlebnisse, vor allem die Entdeckung des dänischen Dichters Jens Peter Jacobsen (1847-1885), eines scharfsinnigen Analytikers der Décadence. Vielfältige Anregungen verdankt Rilke auch seinen ersten Auslandsreisen: einem kurzen Venedigaufenthalt (28. – 31. 1. 1897) und dann einer längeren Reise nach Florenz und in die Toskana (April/Mai 1898). Schon als Rilke am 5. März 1898, also nur knapp eineinhalb Jahre nach seinem Aufbruch, in seiner Heimatstadt einen Vortrag über *Moderne Lyrik* hält, kann er sich dem Prager Publikum so mit einigem Recht als Eingeweihter in alle aktuellen Tendenzen des kulturellen Zeitgeistes präsentieren.

Die mit Abstand wichtigste und lebensgeschichtlich folgenreichste aller Begegnungen ist jedoch die mit Lou Andreas-Salomé (1861-1937) im Mai 1897. Die seit 1887 mit dem Orientalisten Friedrich Carl Andreas (1846-1930) verheiratete Russin war eine hochgebildete und emanzipierte Frau. Als bekannte Romanautorin und Verfasserin vieldiskutierter philosophischer, religions- und kulturanalytischer Studien verfügte sie über vielfältige Kontakte zu Autoren, Künstlern und Philosophen der Zeit, nicht zuletzt zu Friedrich Nietzsche, der ebenso wie sein Freund Paul Rée um ihre Hand angehalten hatte. Man kennt das berühmte Photo, das Nietzsche arrangiert hat: Lou steht auf einem Wagen, dem die beiden Männer vorgespannt sind, und schwingt eine (überaus niedliche) Peitsche. Jahre später wird Lou Andreas-Salomé bei Sigmund Freud studieren und sich als erste Frau zur Psychoanalytikerin ausbilden lassen.

Man kann die Bedeutung Lous für Rilkes Entwicklung kaum überschätzen. Vier Jahre lang verbindet sie eine Beziehung, in der sich geistige, emotionale und nicht zuletzt auch sexuelle Intensität aufs glücklichste vereinigen. Und auch nach der Trennung Ende Februar 1901 bleibt Lou für Rilke ein Leben lang die wichtigste Freundin und Ratgeberin in allen existenziellen Fragen. In der Begegnung mit ihr sieht Rilke seine zweite Geburt; er markiert den neuen Lebensabschnitt unübersehbar durch die Veränderung des Vornamens – Rainer nennt er sich nun, statt René – und der Handschrift.

Lou Andreas-Salomé vermittelt Rilke nicht nur neue Ideen, sondern vor allem eine neue Lebenshaltung, ein neues Vertrauen zum Leben, zur Natur, zur Körperlichkeit. »Wenn ich denke, daß ich selbst einmal von denen war, die das Leben verdächtigten und seiner Macht mißtrauten. Jetzt würde ich es lieben auf jeden Fall«, schreibt er 1898 in seinem *Florenzer Tagebuch*, den guten Entschluss schon für die vollzogene Wandlung nehmend, und rühmt an Lou ihr »sorgloses Vertrauen zu allen Dingen« und ihre »furchtfremde Güte« (ebd.). Seine Lebensführung hat er drastisch geändert: In Berlin hilft er »bei täglichen Hausarbeiten, hackt Holz, macht barfuß weite Wald- und Wiesenwege. Rilke raucht nicht und meidet Alkohol ‹. . .›. Unentbehrlich sind ihm Milch und Obst, seine Kost ist überwiegend vegetarisch« (Ingeborg Schnack, *Rilke-Chronik*). Die erfolgreiche Heilung eines Bohemien und Décadent also? Rilkes Werk zeigt deutlich, dass Nietzsches »großes Ja« zum Leben mehr verlangen wird als etwas modische Lebensreform.

Jenseits der Décadence:
Vom ›Traum‹ zum ›Leben‹

Der Übergang von »Traum« und »Sehnsucht« zur Bejahung des »Lebens« steht im Mittelpunkt von *Mir zur Feier* und aller darauf folgenden Texte des Frühwerks; als immer neues Ringen um »Rühmung« und »Verwandlung« der menschlichen Existenz wird er zum Generalthema von Rilkes Leben und Werk werden.

In *Mir zur Feier* reflektiert Rilke seine Wünsche und Sehnsüchte, seine Ängste, Unsicherheiten und biographischen Beschädigungen mit Hilfe der Konzepte, die seine Zeit ihm zur Verfügung stellt – genau wie er sie zuvor mit den zeittypischen Mitteln des Ästhetizismus ausgedrückt hatte. So lautet nun die Diagnose ganz lapidar: ›Décadence‹. Deren allgemein bekannte Symptome – Müdigkeit und Mattheit, Lebensekel und Willensschwäche – sucht Rilke an sich zu kurieren. Die damit implizierten Veränderungen in Weltbild und Dichtung lassen sich in nuce an der Wandlung der Königsmetapher studieren. Das *Königslied*, Eingangsgedicht zum Band *Traumgekrönt*, endete mit dem Entwurf eines Traumkönigreichs: »Tage weben aus leuchtender Sonne| dir deinen Purpur und Hermelin,| und, in den Händen Wehmut und Wonne,| liegen die Nächte vor dir auf den Knien...«. Die den Dichter krönenden »Träume« sind nicht die dunklen Boten des Unbewussten, von denen Freud wenig später schreiben wird, sondern die Träume eines Ästhetizisten, selbstgeschaffene ›künstliche Paradiese‹ (Baudelaire), pretiöse Reiche einer über-natürlichen Wunsch- und Wunderwelt.

Der Wiener Autor Richard Beer-Hofmann (1866-1945) schreibt in seiner (von Rilke intensiv studierten) Erzählung *Der Tod Georgs* (1900) dazu: »Der träumte, schuf eine Welt und setzte in sie, nur was für ihn bedeutete; von ihm gesteckt, waren die Grenzen ihrer Himmel und Erden, allwissend war er in ihr, und alles wußte von ihm. ‹...› freier als das Leben der Tage lebten die Träume; und reicher und süßer und grausamer und mit prunkenderer Macht als das Leben, durften sie ihre Herrschaft üben.«

So hatte auch Rilke einmal gedacht. Nun weiß er, dass es »eine große Gefahr« ist, mit den »abgewendeten Sinnen« eines Träumers zu leben (*Aus einem Mädchen-*

briefe). An die Stelle der Sehnsucht nach dem unbestimmten Ganz-Anderen tritt die »Sehnsucht nach sich selbst« (*Florenzer Tagebuch*), nach umfassender Entfaltung der Individualität: Der Traumkönig soll zum Lebenskönig werden. Im *Florenzer Tagebuch* richtet Rilke das folgende Gebet an das »heilige Leben«:

»Daß ich würdig werden möchte, in Treue und Vertrauen in seine Erfüllungen einzugehen, daß meine Freude ein Teil werden möchte seiner Herrlichkeit und mein Leid fruchtbar und groß würde wie das selige Weh seiner Frühlingstage. Und daß die Versöhnung wäre über mir, die über allen seinen Werken ist wie die ewig gleiche, ewig gebende Sonne, und daß ich in diesem stillen Licht MIR entgegengehe, ich, der Pilger, dem Ich, das König ist und ein Rosenreich hat und eine Sommerkrone mitten im Leben von Ewigkeit her.«

Das in *Mir zur Feier* zu ›feiernde‹ Ich ist also ein durchaus zukünftiges; der Band handelt nicht vom erreichten Übergang, sondern thematisiert eine Schwellensituation. Dazu gehört, erstens, die Analyse des zu Überwindenden, die Suche nach den Gründen, die Lebenswillen und -vertrauen geschwächt haben und die das Überqueren der Schwelle erschweren, ja vielleicht sogar auf Dauer verhindern mögen. Dabei bedient sich Rilke aus dem reichen konzeptuellen Reservoir, das seine Epoche zur Anamnese der Zeitkrankheit Décadence entwickelt hat, und konkretisiert es mit eigenen Lebenserfahrungen: Zum Décadent wird man durch eine beschädigte Kindheit, durch zu frühe, verstörende Leiderfahrungen; durch die Prosa des Alltags, die Enge der bürgerlichen Konvention, die zum Rückzug in das eigene Ich zwingt;

durch die christliche Religion, ihre Sinnenfeindlichkeit und Jenseitsvertröstung; durch die Übermächtigkeit der Tradition, die jede Entfaltung von Eigentümlichkeit verstellt; aber auch – ein Aspekt der in *Mir zur Feier* noch sehr gedämpft und gemäßigt anklingt – durch die Fremdheit und Heteronomie des Lebens, durch den Schrecken großer, überwältigender Erfahrungen wie Liebe und Tod.

Thematisiert wird die Schwellensituation, zweitens, in der motivischen Kolorierung und Konturierung der an ihren beiden Seiten liegenden Lebenswelten. Auch hier bedient sich Rilke weitgehend aus dem Vorrat der in der Epoche verfügbaren Topoi. Für die Décadence-Welt stehen u. a.: traurig, müde und matt, bang; blass, weiß, silbern, kühl; Traum, Sehnsucht; Herbst; Seide, Ruinen, Tal, weiße Rosen, Astern –, für die des erfüllten und bejahten Lebens: jung, nackt, festlich; rot, golden, grün, licht, heiß, tief; Singen, Lachen, Vergeuden; Frühling/Sommer; Turm, Wein, Regen, Wellen/Meer, Wind/Sturm, rote Rosen, üppig wuchernde Vegetation wie Winden und Ranken (wobei natürlich im Einzelfall die Motive auch anders akzentuiert werden können).

Besonders topisch sind zwei der Lebensmotive: zum einen der Frühling als »Heiliger Frühling«, nach dem römischen Weihefest des ›ver sacrum‹ (der auch der bekannten Wiener Jugendstilzeitschrift ihren Namen gab). Hatte Rilke in *Traumgekrönt* noch erklärt: »Glaubt mir, daß ich, matt vom Kranken,| keinen lauten Lenz mehr mag, –| will nur einen sonnenblanken,| wipfelroten Frühherbsttag«, so schreibt er nun in der Prosaskizze *Heiliger Frühling* von 1897: »es kommt darauf an, daß man einmal im Leben einen heiligen Frühling hat, der einem soviel Licht und Glanz in die Brust senkt, daß es ausreicht, alle ferneren Tage damit zu vergolden...«. Das andere Motiv ist das des ›Lebensfestes‹ (z. B. *Du mußt das Leben nicht verstehen*), einer »genügsamen Festlichkeit« (*Florenzer Tagebuch*), die das Leben trotz seiner Schrecken und Ängste feiern kann.

Drittens wird die Schwellensituation selbst thematisiert. Wiederum geht Rilke von topischen Motiven aus, vertieft sie aber so, dass durchaus Eigenständiges entsteht. Fünf von ihnen werden, in vielfach modifizierter Form, von nun an seine Dichtung prägen: der Engel, die Mädchen, Maria, Nacht und Gott.

In den *Engelliedern* steht der *Engel* zunächst noch für die zu verabschiedende Welt der über das Leben hinausreichenden Sehnsüchte. Die Schönheit nicht mehr jenseits des Lebens zu suchen heißt jedoch nicht, in der Negativform des Hier und Jetzt, dem »Lebensland«, zu verharren, das nur das »Gelärme von Markt und Messe« ist (*Wenn ich einmal*). Das Transzendieren der erstarrten bürgerlichen Denk- und Verhaltenskonventionen, konzentriert im Bild der Engelsflügel (*Wenn ich einmal*, *Seine Hände blieben*), behält als positiver Sinnkern des Motivs seine Geltung. Über diese frühe Deutung des Engels geht Rilke im letzten Gedicht der Folge, dem *Gebet*, deutlich hinaus. Hier wird – das Thema der späteren *Gedichte an die Nacht* vorwegnehmend – der Engel zur eben noch gestalthaften Grenzfigur des amorphen, unerkennbaren und unverfügbaren Lebens.

Mit den *Mädchen*-Gedichten beginnt Rilkes Arbeit an der mythischen Verdichtung des Weiblichen, die sich in den Gestalten der »großen Liebenden« vollenden wird. Den besten Zugang zu Rilkes Frauenbild eröffnen zwei Aufsätze von Lou Andreas-Salomé: *Der Mensch als Weib* (1899) und *Gedanken über das Liebesproblem* (1900), die aus der gemeinsamen Diskussion dieser Jahre hervorgegangen sein dürften (jetzt leicht zugänglich in: Lou Andreas-Salomé, *Die Erotik*, hg. v. Ernst Pfeiffer, München 1979). Rilke und Lou sind gleichermaßen skeptisch gegenüber einer Emanzipationsbewegung, die die Geschlechterunterschiede einfach aufheben will. Die wahre Emanzipation des Weiblichen liegt für beide darin, es dem Männlichen als andersartig, aber ganz und gar gleichwertig gegenüberzustellen. Daher verwehren sie sich energisch gegen die populäre Auffassung »vom weiblichen Element als dem passiven Anhängsel des schöpferischen männlichen« (ebd., S. 13). Auf der spätestens seit Rousseau topischen Gleichsetzung von Frau und Natur aufbauend, wird die Frau als daseins- und lebensnäher, als in sich ruhender begriffen – darin dem lebensentfremdeten Manne durchaus überlegen. Diese größere Lebensnähe gründet vor allem in der bewussteren Erfahrung der eigenen Kreatürlichkeit und Körperlichkeit: »Das Weib ist ‹...› der weit physischere Mensch von den beiden, sie lebt unmittelbarer und gebundener in ihrer eigenen Physis, und an ihr läßt sich deutlicher ‹...› auf die ‹...› Tatsache hinweisen, daß das gesamte Geistesleben selbst schließlich auch nur eine verwandelte, ins Feinste umgeformte Blüte aus der großen geschlechtlich bedingten Wurzel alles Daseins ist, – sublimierte Geschlechtlichkeit sozusagen« (ebd., S. 16).

Das intuitive Lebenswissen der Frau, das zugleich ein

Wissen von der Einheit von Leben und Tod ist, ja überhaupt eine intuitive Fähigkeit, die Einheit auch in dem für den Verstand nur Widersprüchlichen zu erkennen (ebd., S. 25), hat sein Zentrum in der Erfahrung der Mutterschaft als der elementaren Form von Kreativität. An der Frau wird so »irgendeine letzte Harmonie alles Seienden« erfahrbar, »in der unser Gehorchen mit unserem höchsten Herrschen, unsere passivste Demut mit unserer schöpferischsten Aktivität sich decken muß« (ebd., S. 43).

Vor diesem Hintergrund lässt sich die Bedeutung des Mädchen-Motivs in *Mir zur Feier* erschließen: Ist schon das Kind überhaupt noch unentfremdet einbezogen in das Leben – ein Topos seit der romantischen Erfindung der Kindheit als eines vom Erwachsensein kategorisch geschiedenen Zustands –, so gilt das für das weibliche Kind in gesteigertem Maße: Es ist sozusagen das Kind in zweiter Potenz. Umso erschreckender muss es die Pubertät erleben: Im jähen Aufbrechen von Sehnsüchten und Trieben, die sich dem Verstehen ebenso entziehen wie der Kontrolle durch den Willen und daher als Heteronomie erfahren werden, sieht sich das Mädchen plötzlich mit der Fremdheit des Lebens konfrontiert – Inbegriff der Schwellensituation schlechthin.

In dieser Lage ist *Maria* ein zweifelhaftes Vorbild. In *Mir zur Feier* verkörpert sie die nicht wirklich, da nicht durch physische Empfängnis zur Mutterschaft gelangte Frau, die »mütterliche Jungfrau« (*Florenzer Tagebuch*) – und damit auch den Irrweg einer Unterdrückung der eigenen Sinnlichkeit und Kreatürlichkeit in Sublimation und christlicher Jenseitsorientierung (*Wird dieses ungestüme*). Im *Florenzer Tagebuch* heißt es dazu:

»Wie eine Schuld fühlen alle diese Madonnen ihr Unverwundetsein. Sie können es nicht vergessen, daß sie ohne Leiden geboren haben, wie sie ohne Glut empfingen. Es ist eine Scham über ihnen, daß auch sie nicht mächtig waren, das lächelnde Heil aus sich selbst zu heben, daß sie Mütter wurden ohne den Mut der Mutter. Daß die Frucht ihnen so in die Arme fiel, in diese sehnsüchtigen Mädchenarme, denen sie unverdient und schwer wird. ‹...› nach kurzem Schmerzlosein, das ihnen als Glück geschieht, erschrecken sie vor der fremden Reife ihres Frühlings und sehnen sich in aller Hoffnungslosigkeit ihrer Himmel nach einer heißen Sommerfreude voll irdischer Innigkeit.«

Das *Nacht*-Motiv prägt – zusammen mit dem des Abends und dem der Dämmerung – den letzten Teil des Gedichtbandes, der in der Erstfassung *Im All-Einen* überschrieben war. Hier, am ehesten noch, wird von Erfahrungen gehandelt, die jenseits der Schwelle liegen. In der alle Konturen auslöschenden Nacht sind Einheitserlebnisse möglich, in denen das Ich sich einbezogen weiß »in die einige Harmonie« (*Das sind die Stunden*), sich als Teil des elementaren Lebens begreift (*Kann mir einer sagen*). Nur zögernd wird thematisiert, dass solche Erfahrungen nicht ohne Schrecken sind, dass die Auslöschung der eigenen Identität – wiederholt dargestellt am Verlust des Namens – in eine heteronome Fremde führt, die das völlige Gegenteil einer ›gemütlichen‹ (Feuerbach), einer anthropomorphen Welt ist. Hier zeigt sich die Schwäche von Rilkes frühem Monismus, der sich das ›große Ja‹ zum Leben allzu sehr dadurch erleichtert, dass er dessen Fremdheit und Bedrohlichkeit minimiert. In *Mir zur*

Feier kann es noch mit dem anheimelnd vertrauten Namen *Gottes* benannt werden – der im Gedichtband zwar selten, dafür aber an prominenter Stelle auftaucht (*Du darfst nicht warten*) – und bleibt auch sonst letztlich noch das ›schöne‹, das ästhetisch domestizierte Leben des Jugendstils, in dem der Wald zur Allee, das Meer zum Teich und die Natur zum Garten verhübscht und verharmlost sind. Erst im dritten Teil des *Stunden-Buches* und in der zweiten Fassung der *Weißen Fürstin* wird Rilke den Park des ›schönen Lebens‹ wirklich verlassen.

Symbolismus: Poetik des ›Vorwands‹

Waren die *Larenopfer* noch von der Beliebigkeit eines unreflektierten Stileklektizismus geprägt – ihr Autor vermischt Naturalismus, Impressionismus, Symbolismus und allerlei Stiltraditionen des 19. Jahrhunderts miteinander –, so zeichnet sich seit *Traumgekrönt* deutlich ab, dass sich Rilke als Lyriker für den Symbolismus als die zeitgenössisch avancierteste Stilrichtung entschieden hat. Die andere das Frühwerk prägende Stiltendenz, der zur Seelenanalytik verfeinerte Naturalismus, wird nur noch im Drama und, etwas länger, in der Prosa fortgesetzt.

Die Anfänge des *Symbolismus* – und damit zugleich die Anfänge der literarischen Moderne – liegen in Frankreich: in der auf dem Werk Charles Baudelaires (1821-1867) aufbauenden Dichtung Paul Verlaines (1844-1896), Arthur Rimbauds (1854-1891), Stéphane Mallarmés (1842-1898) und – mit einiger Verspätung – Paul Valérys (1871-1945). In den 60er und 70er Jahren des

19. Jahrhunderts ist der Symbolismus noch Avantgarde, in den 80er und 90er Jahren wird er zu einer breiten Bewegung mit eigenen programmatischen Manifesten und Zeitschriften und einer schnell wachsenden europaweiten Ausstrahlung.

Die Symbolisten lehnen jede Mimesis von Natur oder menschlicher Lebenswelt und jede Verwendung der verbrauchten Alltagssprache ab; in ihrer Bemühung um die Autonomie des Gedichts verbannen sie sogar das lyrische Ich aus ihren Texten. Mit den ureigenen Mitteln der Sprache – Klang, Rhythmus, Konnotation und Schriftbild –, mit gehäuften, die Sachebene überwuchernden und infiltrierenden kühnen Metaphern und mit stark verfremdeten Landschaften (›paysage intérieur‹) und Innenräumen versuchen sie, ›Seelenzustände‹ (›états d'âme‹) nicht zu benennen, sondern nuancenreich zu evozieren.

In der europaweiten Rezeption des Symbolismus bleiben dessen kühnste Innovationen freilich zunächst ohne Beachtung; an Rimbaud knüpft man in Deutschland erst ab 1907 (mit dem Erscheinen der von Karl Klammer besorgten Werkübersetzung) an – also im Rahmen des Expressionismus –, an Mallarmé erst in den 20ern. Auch für den Verfasser von *Traumgekrönt* meint Symbolismus zunächst nicht viel mehr als eine Übernahme der trivialsymbolistisch-ästhetizistischen Motiv- und Formensprache. Erst im *Florenzer Tagebuch* und im Vortrag *Moderne Lyrik* findet Rilke zu einer reflektierten und eigenständigen symbolistischen Poetik.

Ihr Zentralbegriff, der »Vorwand«, bezeichnet nichts anderes als die spezifisch symbolistische Symboltechnik – gelegentlich wird auch im französischen Symbolismus dafür das Wort ›prétexte‹ verwendet –, in der durch Objekte, Landschaften, Intérieurs, aber auch durch Klang, Rhythmus und freigesetzte Konnotationspotentiale ein ›état d'âme‹ suggeriert wird. Alle »Inhalte«, alle »Stoffe« sind für den Künstler nur »Vorwände« zum Ausdruck »feinster Gefühlsoffenbarungen«, »eigener tiefster Empfindungen«, »tiefinnerster Sensationen« (*Moderne Lyrik*). Im *Florenzer Tagebuch* wird dieses Evokationsverfahren genau beschrieben:

»Manchmal ist man imstande zu sagen: ich bin froh. ‹. . .› Oder ‹. . .› ich bin traurig, und dein Zustand ist in der Tat ein einfaches Traurigsein, das sich nicht anders bezeichnen läßt. Zwischen diesen beiden Stimmungen aber gibt es eine ganze Reihe von Nuancen, Übergängen, zögernden Gefühlen mit lange nachhallenden Tönen. Um sie zu bezeichnen, sagst du ‹. . .›: es ist . . .«

Die Begründung dieser Vorwand-Poetik ist komplex und entfernt sich deutlich von der Weltanschauung des französischen Symbolismus, weil sie vor allem der Selbstentfaltung des Dichter-Ich dienen soll. Das leistet sie auf mehrfache Weise (wobei die recht verschiedenen Funktionen von Rilke nie wirklich miteinander vermittelt werden): Erstens, indem der Dichter mit ihrer Hilfe Widerständiges, Fremdes aus sich herausstellt, sich von erlittenen Beschädigungen freimacht, indem er sie als Kunstwerk objektiviert; zweitens, indem er sich auf diese Weise zu der Fülle der Objekte, zur Totalität des Lebens in Beziehung setzt; drittens schließlich sollen die Vorwände ihren Urheber und seine Eigentümlichkeit wie eine Maske vor der feindlichen Menge schützen und verbergen.

Genuin symbolistisch sind jedoch die beiden anderen Funktionen der Vorwand-Poetik: ihre Absage an Alltagssprache und an jede Form von Erlebnislyrik. In der Entstehungszeit von *Mir zur Feier* finden sich bei Rilke Anzeichen für eine wachsende Skepsis gegenüber der Alltagssprache. In *Die armen Worte* vertraut er noch darauf, dass Lyrik auch und gerade die einfachen Worte der Alltagssprache veredeln kann (eine Aussage, die schon in dieser Werkphase von Rilkes poetischer Praxis kaum mehr gedeckt ist und sich wohl am ehesten als Distanzierung von der bis ins Druckbild hinein streng stilisierten Dichtungssprache Stefan Georges begreifen lässt). Im spät entstandenen Gedicht *Ich fürchte mich so* wird Rilke dann endgültig von der modernen Sprachskepsis eingeholt. Im kurz zuvor geschriebenen Aufsatz *Noch ein Wort über den ›Wert des Monologes‹* distanziert er sich kategorisch von der Alltagssprache, vom »Wort des Verkehrs«.

Ebenso wichtig ist die für moderne Lyrik grundlegende Absage an die Erlebnislyrik. Zunehmend verzichtet Rilke auf direkte Ich-Aussprache; an ihre Stelle treten evokative Landschaften (›paysage intérieure‹) oder Innenräume und, vor allem, Rollengedichte wie etwa die *Mädchenlieder*. Im Sinne der Vorwand-Poetik sind freilich auch sie mittelbare Ich-Aussprache: Was über die Schwellensituation der Mädchen ausgesagt wird, trifft genauso auf den Künstler im Allgemeinen und auf Rilke im Besonderen zu: »Die Mütter ‹...› sind wie die Künstler. Des Künstlers Mühe ist, sich selbst zu finden. Das Weib erfüllt sich im Kinde« (*Florenzer Tagebuch*). Über die Vorwand-Poetik hat Rilke so die für sein lyrisches

Werk charakteristische »Bewegtheit des Sinnes« erreicht (so Robert Musil in seiner *Rede zur Rilke-Feier* von 1927), in der Unsagbares durch vielfältig wechselnde Bilder ausgedrückt wird.

Im frühen Werk ist dieser poetologische Fortschritt freilich noch durch ein hohes Maß an Beliebigkeit erkauft: Die Gleichgültigkeit der Stoffe führt oft zur Verselbständigung von rhythmischen und klanglichen Effekten und zu Bildreihungen, die auf der Gegenstandsebene kaum verbunden sind. Die Einheit des Gedichts ist in solchem Gleiten und Verströmen – nicht umsonst wird die Konjunktion »und« so überaus häufig verwendet – ein poetologisch noch kaum gelöstes Problem. Allzu sorglos nutzt Rilke die Freiheiten des weder in Hebungszahl noch in der Strophenform festgelegten Madrigalverses (auch: vers libre) oder lässt gängige Strophenformen durch Reimbänder aufschwellen (ein typisches Beispiel ist etwa die erste Strophe von *Du wolltest wie die andern sein*).

Nicht zuletzt deshalb dürfte Georges *Jahr der Seele* einen so prägenden Einfluss auf *Mir zur Feier* gehabt haben. Hier ließ sich nicht nur studieren, wie Landschaft und Jahreszeit zur Suggestion von Seelenzuständen eingesetzt werden können. Was George vor allem demonstrierte, war die konsequente Durchformung von Einzelgedicht wie Gedichtband. Rilke hat sich so nicht nur George'scher Motive und Spracheigenheiten bedient, sondern verschiedentlich auch dessen Strophenform aus vier streng gebauten Elfsilbern erprobt (besonders deutlich ist dieser Einfluss etwa in *Ich will ein Garten sein*). Freilich hegt er von Anfang an Vorbehalte gegen die allzu rigorose Stilisierung Georges, in der er eine Vergewaltigung des immer bewegten und sich verändernden Lebens sieht. Das Problem, wie gleitend-lebendige Bewegtheit und formale Geschlossenheit miteinander zu verbinden sind, ist jedoch in *Mir zur Feier* noch nicht gelöst.

Die beiden Fassungen

Grundsätzlich hat Rilke in seinen Überarbeitungen die Eigenheiten früherer Werkphasen auch dann noch gelten lassen, wenn er sich von deren Poetik längst gelöst hatte; nur Übersteigerungen der jeweiligen Formprinzipien wurden korrigiert. Trotz vielfältiger Eingriffe bewahren so auch die *Frühen Gedichte* noch die Werksignatur von *Mir zur Feier*. In einem Brief vom 15. Januar 1909 an seinen Verleger Anton Kippenberg stellt Rilke die Überarbeitung so dar:

»Es werden Ihnen gleich auf der ersten Seite Veränderungen auffallen. Ich glaubte mich zu ihnen berechtigt, wo die Unklarheit im Ausdruck aus seiner Unzulänglichkeit sich ergab; wo ich jetzt besser sagen konnte, was ich damals meinte. Übrigens hab ich mir diesen Eingriff schwer und verantwortlich gemacht, und ich glaube, er rechtfertigt sich überall, wo er geschah, und thut der ursprünglichen Weise nirgends Abbruch. Dieselben Maßstäbe hab ich angewendet, wo Gedichte fortgelassen worden sind; dies war rathsam denjenigen Strophen gegenüber, die sich nun als überzählig erwiesen, indem sie Gegenstände und Empfindungen, die an anderen Stellen des Buches schon vollkommen ausgedrückt sind, schwächer und weniger durchgesetzt, wiederholten. Leider konnt ich nicht alle ausgefallenen Verse ersetzen. Es zeigte sich, daß vier oder fünf Gedichte, die ich noch einzuordnen beabsichtigte, obwohl sie ungefähr gleichzeitig waren, dem Ton des Buches widerstrebten. Die unter dem Namen ›Mir zur Feier‹ damals zusammengefaßten Verse bezeichnen offenbar den äußersten Ausgang einer Entwicklungszeit, und was ich hier noch unter meinen Papieren habe, gehört schon in den Anfang einer nächsten Epoche, derjenigen, die durch das Buch der Bilder bezeichnet ist.«

Diese um die Jahreswende 1908/09 vorgenommenen Veränderungen betreffen zum einen die Strukturierung des Gedichtbandes. *Mir zur Feier* war in vier Abteilungen untergliedert: *Beichten*, *Landschaft*, *Lieder der Mädchen* und *Im All-Einen*. Die *Engellieder* waren der ersten, die *Gebete der Mädchen zur Maria* der dritten Abteilung zugeordnet. Diese Teilüberschriften sollten natürlich eine Entwicklung im Sinne der erläuterten Schwellensituation markieren, die Teile waren aber in sich weit weniger geschlossen, als die Titel suggerierten; vergleicht man einzelne Gedichte, so scheint der Band ohnehin weniger durch einen entschlossenen Progress, sondern eher durch ein unsicheres Schwanken zwischen Décadence und Aufbruch ins Leben geprägt. In den *Frühen Gedichten* hat Rilke die Überschriften der heterogenen Abteilungen aufgegeben und deren Grenzen nur durch Kursivierung der mottohaften Eingangsgedichte markiert; Überschriften haben jetzt nur noch die rollenlyrisch einheitlichen Zyklen.

Zum anderen wurden sechzehn schwächere Gedichte

gestrichen und vier neue, noch der Werksignatur von *Mir zur Feier* zugehörige aufgenommen. Weggefallen sind: *So sah der Engel aus; – Es ist vielleicht eine Traurigkeit; Kind im Wald; Das ist alles Wanderns Sinn; Sie haben lange zusammen gelacht; Intérieur; Römerin; Der Wald war noch nicht ganz bereit; Alle Mädchen, die am Hafen harrten; Pan; Es giebt Abende; Immer wenn die Nacht beginnt; Und einmal wach ich auf; Nacht-Hymne; Was macht die lange Nacht; Meine Stube.* Neu eingefügt wurden: *Wir wollen, wenn es wieder Mondnacht wird; Ich bin eine Waise; Wie wir auch alles in der Nacht benannten; Fürchte dich nicht.*

Schließlich gab es zahlreiche Umarbeitungen im Detail; in wenigen Fällen hat Rilke das ganze Gedicht umgestaltet, meist aber nur einzelne Zeilen oder Wendungen verändert. Diesen Umarbeitungen liegen vor allem zwei Prinzipien zugrunde:

(1) Rilke reduziert zu aufdringliche formale Effekte seiner Frühzeit und tilgt einige besonders klischeehafte Dekadenz- und Lebensmotive. So werden aus den »blassen« die »vielen Träume« (*Ich will ein Garten sein*), aus den »zagen, blassen« die »unscheinbaren Worte« (*Die armen Worte*), aus »blutenden« »rotrote Blüten« (*Das ist dort*), aus »müden Mädchen mit den warmen Wangen« »Mädchen, vom Verhallenden befangen« (*Ich bin zu Hause*), und statt »wilder Wälder« »wehn« jetzt »die Wälder draußen« (*Mädchen singen: Die Zeit*).

(2) In einigen Fällen sind Verknüpfungen, die nur auf Bild- und Klangbeziehungen oder auf vagen Anthropomorphisierungen beruhen, durch solche ersetzt, die in den dargestellten Erscheinungen gründen – eine Konzes-

sion an die Ding-Poetik des mittleren Werkes. So werden etwa die »verrieselnden Ringe« eines Teichs zu »glänzenden Ringen«, der »still ersterbende« zum »nicht mehr deutlichen Strand« (*Das sind die Gärten*), das »segnende« zum »langsamen Serale« (*Senke dich*).

Manfred Engel

Alphabetisches Verzeichnis der Gedichtanfänge

Aber der Abend wird schwer	108
Alle Straßen führen	74
Als du mich einst gefunden hast	57
Arme Heilige aus Holz	16
Auch du hast es einmal erlebt, ich weiß	116
Blendender Weg, der sich vor Licht verlor	48
Da steht er gestützt am Turm	49
Das ist der Tag, in dem ich traurig throne	18
Das ist die Sehnsucht: wohnen im Gewoge	9
Das ist dort, wo die letzten Hütten sind	52
Das sind die Gärten, an die ich glaube	45
Das sind die Stunden, da ich mich finde	104
Dein Garten wollt ich sein zuerst	88
Deiner ernsten Engel einen	94
Der Abend ist mein Buch. Ihm prangen	105
Die armen Worte, die im Alltag darben	15
Die blonden Schwestern flochten froh	71
Die Mädchen am Gartenhange	77
Die Mädchen sehn: der Kähne Fahrt	69
Die Nacht wächst wie eine schwarze Stadt	115
Die Welle schwieg euch nie	68
Die Zeit, von der die Mütter sprachen	76
Du darfst nicht warten, bis Gott zu dir geht . . .	121
Du, den wir alle sangen	22
Du mußt das Leben nicht verstehen	24
Du wacher Wald, inmitten wehen Wintern	23
Du wolltest wie die andern sein	85
Eh der Garten ganz beginnt	73

Erste Rosen erwachen	47
Es ist noch Tag auf der Terrasse	103
Es müßte mich einer führen	78
Fürchte dich nicht, sind die Astern auch alt . . .	120
Gebet	37
Geh ich die Gassen entlang	66
Gehst du außen die Mauern entlang	42
Gestern hab ich im Traum gesehn	92
Hat auch mein Engel keine Pflicht mehr	33
Ich aber fühle, wie ich wärmer	100
Ich bin eine Waise. Nie	59
Ich bin so jung. Ich möchte jedem Klange	11
Ich bin zu Hause zwischen Tag und Traum	20
Ich fürchte mich so vor der Menschen Wort . . .	110
Ich geh jetzt immer den gleichen Pfad	17
Ich ließ meinen Engel lange nicht los	31
Ich möchte werden wie die ganz Geheimen	25
Ich war ein Kind und träumte viel	60
Ich war einmal so kinderkühl	90
Ich war in ferner Fremde Kind	77
Ich weiß es im Traum	119
Ich will ein Garten sein, an dessen Bronnen . . .	12
Ich will nicht langen nach dem lauten Leben . . .	13
Ihr Mädchen seid wie die Kähne	70
Ihr Mädchen seid wie die Gärten	63
Im flachen Land war ein Erwarten	50
Ist ein Schloß. Das vergehende	43
Jetzt sind sie alle schon selber Frauen	65
Kann mir einer sagen, wohin	113
Königinnen seid ihr und reich	67
Lauschende Wolke über dem Wald	39

Mach, daß etwas uns geschieht	83
Manchmal geschieht es in tiefer Nacht	53
Maria	91
Meine frühverliehnen	14
Mir wird mein helles Haar zur Last	96
Nenn ich dich Aufgang oder Untergang?	111
Noch ahnst du nichts vom Herbst des Haines	75
Oft fühl ich in scheuen Schauern	106
Oh, daß wir so endlos werden mußten!	95
Schau, unsre Tage sind so eng	86
Schau, wie die Zypressen schwärzer werden	46
Seine Hände blieben wie Blinde	35
Seit mich mein Engel nicht mehr bewacht	32
Senke dich, du langsames Serale	112
Sie sagen alle: Du hast Zeit	98
Träume, die in deinen Tiefen wallen	27
Um die vielen Madonnen sind	36
Und einmal lös ich in der Dämmerung	21
Und ich ahne: in dem Abendschweigen	41
Und in allen alten Jahren	97
Und so ist unser erstes Schweigen	107
Unsere Träume sind Marmorhermen	101
Unsre Mütter sind schon müd	89
Viel Fähren sind auf den Flüssen	58
Von so vielem blieb uns der Sinn	87
Vor lauter Lauschen und Staunen sei still	26
Weiße Seelen mit den Silberschwingen	19
Wenn die blonden Flechterinnen	72
Wenn die Uhren so nah	117
Wenn ich einmal im Lebensland	34
Wer einst das einsame Haus erbaut	51

Wie kam, wie kam aus deinem Schoß	93
Wie wir auch alles in der Nacht benannten	114
Wir haben lange im Licht gelacht	76
Wir sind ganz angstallein	109
Wir sind uns alle schwesterlich	78
Wir wollen, wenn es wieder Mondnacht wird . .	54
Wird dieses ungestüme, wilde	99
Zur kleinen Kirche mußt du aufwärts steigen . .	44

Zeittafel

E = Entstehung, V = Veröffentlichung, UA = Uraufführung,
Ü = Übertragung

1875 4.12.: René Josef Maria Rilke als Sohn des Eisenbahninspektors Josef und seiner Frau Sophie (Phia) Rilke (geb. Entz) in Prag geboren.
1882-1886 Deutsche Volksschule in Prag.
1884 24.5.: Rilkes erstes Gedicht. Trennung der Eltern; Erziehung durch die Mutter.
1886 1.9.: Eintritt in die Militärunterrealschule St. Pölten.
1890 Wechsel zur Militäroberrealschule in Mährisch-Weißkirchen.
1891 3.6.: Militärschule ohne Abschluß verlassen, Rückkehr nach Prag. 10.9.: »Die Schleppe«, erstes veröffentlichtes Gedicht. September (bis Mai 1893) Handelsakademie Linz.
1893 Valerie (Vally) von David-Rhonfeld. V: *Feder und Schwert*.
1894 V: *Leben und Lieder*.
1895 9.7.: Abitur in Prag. Beginn des Studiums an der Deutschen Carl-Ferdinands-Universität in Prag. E: *Im Frühfrost*. V: *Larenopfer*.
1896 V: erstes *Wegwarten*-Heft (Lieder, dem Volke geschenkt). UA: *Jetzt und in der Stunde unseres Absterbens*. Ab September Fortsetzung des Studiums in München. V: *Traumgekrönt*.
1897 28.-31.3.: 1. Venedigaufenthalt. 12.5.: Begegnung mit Lou Andreas-Salomé; Namensänderung: Rainer. UA: *Im Frühfrost*. 1.10.: Übersiedlung nach Berlin. E: *Ohne Gegenwart*. V: *Advent*.
1898 Prag, Arco, Florenz, Viareggio (*Florenzer Tagebuch*). E: *Dir zur Feier*. Ab 1.8. in Berlin-Schmargendorf (*Schmargendorfer Tagebuch*). 29.9.: »Die Braut«, erstes Gedicht für das *Buch der Bilder*. E: *Ewald Tragy*. 25.12.: 1. Besuch in Worpswede. Jahresende: E: *Die Weiße Fürstin* (Erstfassung). V: *Am Leben hin*.
1899 Reisen nach Arco, Wien und Prag. Berlin; Fortsetzung des Studiums. V: *Zwei Prager Geschichten*. 25.4.-18.6.: 1. Rußlandreise,

mit Lou Andreas-Salomé und ihrem Mann. E: erster Teil *Stunden-Buch*: »Die Gebete«; *Cornet*. V: *Mir zur Feier.*

1900 Übersetzung von Tschechows *Möwe*. 9.5.-22.8.: 2. Rußlandreise mit Lou Andreas-Salomé. V: *Die Weiße Fürstin*. 27.8.-5.10.: Gast bei Heinrich Vogeler in Worpswede; Begegnung mit Paula Becker und Clara Westhoff (Beginn *Worpsweder Tagebuch*). Ab Oktober Berlin-Schmargendorf. V: *Vom lieben Gott und Anderes.*

1901 26.2.: Abschiedsbrief von Lou Andreas-Salomé (›Letzter Zuruf‹). 28.4.: Heirat mit der Bildhauerin Clara Westhoff; Wohnsitz Westerwede. E: zweiter Teil *Stunden-Buch*. V: *Die Letzten*. 12.12.: Geburt der Tochter Ruth. UA: *Das tägliche Leben.*

1902 V: *Buch der Bilder*. E: *Worpswede*. Ab 28.8. in Paris (bis Ende Juni 1903). E: *Auguste Rodin* (V: März 1903).

1903 April in Viareggio; E: dritter Teil *Stunden-Buch*. Paris. Wiederaufnahme des Briefwechsels mit Lou Andreas-Salomé. 10.9. (bis Juni 1904) in Rom. V: *Worpswede*; *Auguste Rodin.*

1904 Beginn der Arbeit am *Malte*. Ende Juni (bis 9.12.) Schweden. V: Zweitfassung *Cornet*. E: Zweitfassung *Die Weiße Fürstin*. Winter mit der Familie in Oberneuland bei Bremen. V: *Geschichten vom lieben Gott.*

1905 Ab September Paris (bis 29.7.1906); Privatsekretär von Rodin in Meudon. 21.10.-2.11.: 1. Vortragsreise; u.a. Dresden und Prag. V: *Das Stunden-Buch*. Winter 1905/06: Beginn der kontinuierlichen Arbeit an den *Neuen Gedichten.*

1906 25. 2.-31.3.: 2. Vortragsreise; Elberfeld, Berlin, Hamburg, Bremen. 14.3.: Tod des Vaters. 10.5.: Rodin kündigt Rilke. Juli/August: Reise nach Flandern. V: *Cornet* (3. Fassung); *Buch der Bilder* (zweite, erweiterte Ausgabe). 4.12.-20.5.1907 Capri; E: Capreser Lyrik.

1907 Ab 31.5. Paris; E: 1. Teil der *Neuen Gedichte* (V: Dezember). 6.-22.10.: Venedig. Gedächtnis-Ausstellung für Paul Cézanne im Pariser Salon d'Automne; fünfzehn Briefe über Cézanne an Clara Rilke. 30.10.-18.11.: 3. Vortragsreise; Prag, Breslau, Wien. November: Aussöhnung zwischen Rodin und Rilke.

1908 Dezember 1907-18.2.: Oberneuland; danach Berlin, München, Rom, Neapel. 29. 2.-18.4.: Capri. Anfang Mai (bis Mai 1903)

Paris; E: *Der Neuen Gedichte anderer Teil* (V: November); *Requiem*-Gedichte; Arbeit am *Malte*.

1909 V: *Die frühen Gedichte* (Zweitfassung *Mir zur Feier* und *Die Weiße Fürstin*). Mai und September/Oktober: Reisen in die Provence. 10.12.: Beginn der Freundschaft mit Marie Taxis.

1910 12.1.-31.1.: Leipzig; Diktat der *Aufzeichnungen des Malte Laurids Brigge* (V: 31. 5.). Weimar, Berlin, Rom, Schloß Duino bei Triest. 12.5. wieder in Paris. August/September in Böhmen; Lautschin und Janowitz. 19.11.: Aufbruch zur Nordafrikareise.

1911 6.1.-29.3: Ägypten-Reise. Rückkehr nach Paris. Ü: Maurice de Guérin: *Der Kentauer* (V: Juli), *Sonette* der Louize Labé, anonyme französische Predigt *De l'amour de Madeleine* (V: 1912); zwölf Kapitel der *Confessiones* des Augustinus. 19.7.-25.9.: Reise nach Lautschin. 22.10. (bis 9.5.1912): Duino bei Triest.

1912 Ü: Giacomo Leopardis »L'infinito«; E: *Das Marien-Leben* (V: 1913); erste *Duineser Elegien*. 9.5.-11.9.: Venedig; Eleonora Duse. Juli: *Cornet* als Band 1 der Insel-Bücherei erschienen. 11.9.-9.10.: Duino. München. 1.11. (bis 24. 2.): Spanienreise.

1913 Ronda; E: erste »Gedichte an die Nacht«, *Erlebnis I* u. *II* (V: I 1918). Paris; E: Narziß-Gedichte; Ü: weitere *Sonette* Louize Labés (V: 1917); Michelangelo: *Sonette* (sporadisch bis 1923). 6.6.-17.10.: Reisen in Deutschland. 7./8.9. in München Begegnung mit Sigmund Freud. 18.10.: Paris; Arbeit an den *Elegien*; E: »Fünf Sonette«; Ü: André Gide: *Der verlorene Sohn* (V: 1914).

1914 Lektüre Marcel Proust: *Du côté de chez Swann*. Magda von Hattingberg (›Benvenuta‹). E/V: *Puppen. Zu den Wachspuppen von Lotte Pritzel*. Lektüre Lou Andreas-Salomé: *Drei Briefe an einen Knaben*. 19.7.: Abreise von Paris nach Deutschland; Kriegsausbruch; München (bis 11.6.1919). E: »Fünf Gesänge« (erschienen im November). Lulu Albert-Lasard. E: »An Hölderlin«. Kafka-Lektüre. Dezember (bis 7.1.1915) Berlin.

1915 München; 14.6.-11.10.: in Hertha Koenigs Münchner Wohnung; E: u. a. »Der Tod Moses«, »Sieben Gedichte«, »Der Tod«, »Requiem auf den Tod eines Knaben«, »Siehe: (Denn kein Baum soll dich zerstreun)«, »Die vierte Elegie«. Verlust der Pariser Habe. 24.11.: Musterung. Abbruch der dichterischen Produktion. Ab 12.12. in Wien.

1916 4.1.: Einrücken zur Grundausbildung; ab 27.1. Dienst beim Kriegsarchiv, Wien. 9.6.: Entlassung; Juli Rückkehr nach München. Zusammenstellung der 22 »Gedichte an die Nacht« für Rudolf Kassner.

1917 Fortsetzung Michelangelo-Übertragungen; Lesegutachten. 18.7.-9.12.: letzte Reise in Deutschland, u. a. in Berlin. Ab 10.12. wieder in München.

1918 Herbst: Rilke bereitet sich auf Kippenbergs Anraten auf eine Reise in die Schweiz vor, er schickt ihm, für den Fall, daß die Vollendung ihm versagt bleibt, eine Abschrift des Elegien-Bestandes, ein gleichlautendes Manuskript an Lou Andreas-Salomé. Novemberrevolution in München. Begegnung mit Claire Studer, spätere Frau Ivan Golls.

1919 Lektüre von Oswald Spenglers *Untergang des Abendlandes*; von Hans Blühers *Die Rolle der Erotik in der männlichen Gesellschaft*. Ü: weitere Sonette Michelangelos, Gedichte Mallarmés. 26.3.-2.6.: Besuch Lou Andreas-Salomés in München. Niederschlagung der Revolution; Durchsuchung von Rilkes Wohnung, wegen Kontakts u. a. mit Kurt Eisner und Ernst Toller. 11.6.: Abreise in die Schweiz; u. a. Nyon, Genf, Bern, Zürich. Baladine Klossowska (›Merline‹). Soglio (29.7.-21.9.), Locarno (7.12.-Ende Februar 1920). 25.10.-30.11.: Lesereise (Zürich, St. Gallen, Luzern, Basel, Bern und Winterthur).

1920 3.3.-17.5.: Schönenberg bei Pratteln; Ü: Michelangelo. 11.6.-13.7.: Venedig. Schönenberg. Lektüre Dostojewski-Biographie. 9.10.: erster Besuch in Sierre. 23.-30.10.: Paris. Ab 12.11. (bis 10.5.1921) Berg am Irchel; E: erster Teil *Aus dem Nachlaß des Grafen C. W.*; *Préface à Mitsou* für die Bildergeschichte von Baltusz Klossowski (V: 1921).

1921 E: zweiter Teil *Aus dem Nachlaß des Grafen C. W.*; erste Valéry-Übertragung (*Le Cimetière marin*). E: *Das Testament*; Protokoll und Bilanz des erneuten Scheiterns in der Arbeit. Ab 26.7. Wohnsitz Schloßturm Muzot oberhalb Sierre. 17.10.: mit dem Abtragen von Briefschulden Vorbereitung auf eine neue Arbeitsphase. Dezember: erste Überlegungen für eine Gesamtausgabe von Rilkes Werken.

1922 1.1.: Gertrud Ouckama Knoops Bericht über Krankheit und

Tod ihrer Tochter Wera. 11.-26.1.: Abschrift von Valérys Dialog *L'Âme et la Danse*. 2.-5.2.: Niederschrift 1. Teil der *Sonette an Orpheus*; 7.-14.2.: Abschluß der *Duineser Elegien*. E: *Der Brief des jungen Arbeiters*; 15.-23.2.: 2. Teil der *Sonette an Orpheus*. März: Garten in Muzot mit Rosen angelegt. 20.3.-11.4.: Ü: Valéry, *Ébauche d'un Serpent* (Entwurf einer Schlange). Juli: Absprache der Werke in sechs Bänden. Arbeitswinter 1922/23, Ü: Gedichte Valérys (V: 1925).

1923 Erscheinen der *Duineser Elegien*. Juni/Juli: Bad Ragaz; August Sanatorium Schöneck am Vierwaldstätter See. 6. und 8.11.: »Zueignung an M‹erline› (Schaukel des Herzens)«, geschrieben »als Arbeits-Anfang eines neuen Winters auf Muzot«. E: »Sieben Entwürfe aus dem Wallis oder Das kleine Weinjahr«. Ende Dezember bis 20.1.1924: Klinikaufenthalt in Val-Mont, oberhalb Montreux.

1924 E: »Der Magier« und Gedichte im Stil ›berechenbarer Magie‹ (u.a. »Die Frucht«, »Eros«, »Vergänglichkeit«); zum »Magier« und »Füllhorn« französische Pendants; reiche Produktion französischsprachiger Lyrik, *Vergers*. 6.4.: Paul Valéry auf Muzot. E: *Briefwechsel in Gedichten mit Erika Mitterer* (bis August 1926). Juni/Juli: Bad Ragaz; E: »Im Kirchhof zu Ragaz Niedergeschriebenes«; ab 2.8. Muzot: *Les Quatrains Valaisans* (bis Anfang September). 24.11.: erneuter Klinikaufenthalt in Val-Mont (bis 7.1.1925).

1925 7.1.-18.8.: letzter Paris-Aufenthalt. Gedichte in französischer Sprache; *Vergers* abgeschlossen (V: mit den *Quatrains Valaisans*, 1926). Mitte Oktober Rückkehr nach Muzot. 27.10.: Niederschrift des Testaments; »Rose, oh reiner Widerspruch« als Epitaph bestimmt. Dezember bis Juni 1926: Klinik Val-Mont.

1926 3.5.-6.9.: Briefwechsel mit Marina Zwetajewa; 8.6.: die ihr gewidmete Elegie. Juli/August: Bad Ragaz. Ab 21.9. Muzot: Ü: Valérys *Eupalinos*. 30.11.: wieder Val-Mont; Diagnose: Leukämie. Mitte Dezember: »Komm du, du letzter, den ich anerkenne, heilloser Schmerz«. Tod am 29. Dezember.

1927 Beisetzung am 2. Januar an der Bergkirche von Raron. Es erscheinen: *Les Roses*; Paul Valéry, *Eupalinos oder Über die Architektur*; *Les Fenêtres*; Gesammelte Werke in sechs Bänden.

Inhalt

Mir zur Feier
7

Engellieder
29

Mädchen-Gestalten
55

Lieder der Mädchen
61

Gebete der Mädchen zur Maria
81

Nachwort
123

Alphabetisches Verzeichnis
der Gedichtanfänge
145

Zeittafel
149

Rainer Maria Rilke

In gleicher Ausstattung liegen vor:

Das Stunden-Buch
Mit einem Nachwort von Manfred Engel
it 2685 · 160 Seiten

Das Buch der Bilder
Mit einem Nachwort von Manfred Engel
it 2686 · 144 Seiten

Neue Gedichte · Der Neuen Gedichte anderer Teil
Mit einem Nachwort von Ulrich Fülleborn
it 2687 · 208 Seiten

Duineser Elegien · Die Sonette an Orpheus
Mit Nachworten von Manfred Engel und Ulrich Fülleborn
it 2688 · 192 Seiten

Mir zur Feier
Gedichte · Mit einem Nachwort von Manfred Engel
it 2689. 160 Seiten

Die Weise von Liebe und Tod des Cornets Christoph Rilke · Die weiße Fürstin
Mit einem Nachwort von Manfred Engel
it 2690 · 128 Seiten

Die Aufzeichnungen des Malte Laurids Brigge
Mit einem Nachwort von August Stahl
it 2691 · 288 Seiten

Einsam in der Fremde
Erzählungen · Mit einem Nachwort von August Stahl
it 2692 · 128 Seiten

Die Ausgaben basieren auf der Ausgabe:

*Werke · Kommentierte Ausgabe
in vier Bänden*
Herausgegeben von Manfred Engel,
Ulrich Fülleborn, Horst Nalewski und August Stahl
Insel Verlag 1996

Band 1 · *Gedichte 1895 bis 1910*
Herausgegeben von Manfred Engel und Ulrich Fülleborn
1036 Seiten

Band 2 · *Gedichte 1910 bis 1926*
Herausgegeben von Manfred Engel und Ulrich Fülleborn
972 Seiten

Band 3 · *Prosa und Dramen*
Herausgegeben von August Stahl · 1088 Seiten

Band 4 · *Schriften*
Herausgegeben von Horst Nalewski · 1104 Seiten